Anselm Grün

Engel,
die dir begegnen

Vier-Türme-Verlag

Überreicht von:

Engel, die dir begegnen

Wir sagen oft zu einem Menschen: »Du bist ein Engel für mich. Du bist gerade im richtigen Augenblick gekommen.« – Oder: »Du bist ein Engel für mich. In deiner Nähe fühle ich mich wohl. Du tust mir gut.« Wenn wir so etwas aussprechen, ist das nicht nur symbolisch gemeint. Wir dürfen tatsächlich füreinander zum Engel werden.

Engel – so sagt uns die kirchliche Dogmatik – sind geschaffene geistige Wesen und personale Mächte. Als geschaffene geistige Wesen sind sie erfahrbar. Engel, das können innere Impulse sein, das können Träume sein, die uns auf etwas aufmerksam machen. Engel können einfach Erfahrungen sein, die wir nicht näher beschreiben können. Wenn wir im letzten Augenblick auf die Bremse treten, wenn das Auto vor uns ohne zu blinken nach links ausschert, dann haben wir das Gefühl, dass da ein Schutzengel uns vor dem Unfall bewahrt hat. Er hat uns die schnelle Reaktion eingegeben.

Engel sind immer Boten, die Gott zu uns schickt, sei es nun ein Mensch oder ein Impuls, eine innere Reaktion oder ein Traum.

Als Boten Gottes wollen sie uns begegnen. Nur in der Begegnung erfahren wir den Engel, der uns anspricht, der uns berührt, der uns begleitet. Dann entschwindet er wieder. Genauso wenig wie wir eine Begegnung festhalten können, lassen sich die Engel umklammern. Aber in der Begegnung berühren sie uns und verwandeln unser Leben.

Wenn ich über die Engel spreche und sie anspreche, dann bin ich mir immer bewusst, dass Gott an mich denkt und dass er es ist, der mir einen Engel schickt, den ich erfahren und spüren darf.

So wünsche ich dir, liebe Leserin, lieber Leser, dass die Worte, die ich schreibe, zum Engel für dich werden, der deine Seele mit Liebe und Zärtlichkeit streichelt und sie so für den Gott der Liebe öffnet.

Der Engel des Helfens

Du bist ein Engel in meiner Not. Du lässt mich nicht allein. Gott hat dich geschickt, damit ich nicht an meiner Not verzweifle. Du hast mir einen Weg gezeigt, wie diese sich wenden kann. Du hast mir das notwendige Rüstzeug gegeben, das ich brauche, um diese Not zu bestehen. Du bist als Engel in meine Not eingetreten. Du hast angepackt und mir Mut gemacht, selbst meine Hände zu gebrauchen.

Du bist der innere Impuls, der mich angetrieben hat, aufzustehen und mich meiner Not zu stellen, anstatt darin unterzugehen. Du bist im Traum zu mir gekommen und hast mir gezeigt, dass die Not nicht mein ganzes Leben im Griff hat.

In meiner Seele gibt es Bereiche, die dieser Not enthoben sind. Du hast mich in Berührung gebracht mit den heilen und freien Räumen meiner Seele und meines Lebens. Weil du mich in meine Seele geführt hast, habe ich die Kraft

gefunden, selbst aufzustehen und das in die Hand zu nehmen, was meine Not wendet.

Sei weiterhin bei mir und begleite mich, damit ich nicht untergehe. Wenn du mit mir gehst, dann wird sich meine Not wenden.

Ich durfte immer wieder Menschen erleben, die für mich zum Engel des Helfens geworden sind. Gerade in Dingen, die mir schwerfallen, haben sie zugepackt und meine Not gewendet.

Und ich durfte den Engel auch in Worten der Bibel erfahren, die mir Vertrauen geschenkt haben, dass Gott meine Not wendet, dass Gott mich entreißt aus aller Drangsal, dass er mich befreit aus der Grube, in die ich geraten bin durch eigenes Verschulden, weil ich nicht auf meinen Weg geachtet habe.

Ich danke dir, dem Engel des Helfens, dass du mich in meiner Not nicht übersehen hast. Und ich danke Gott, dass er dich mir geschickt hat, um meine Not zu wenden.

Der Engel des Behütens

Du bist ein Engel in meiner Verlassenheit. Du lässt mich nicht allein, du bist bei mir, wenn ich mich von allen Menschen oder von Gott verlassen fühle – oder mich selbst verlassen habe, weil ich es nicht ausgehalten habe bei mir. Du hältst mich aus, auch dort, wo ich mich nicht aushalte. Menschen haben mir oft genug vermittelt, dass man es mit mir nicht aushalten kann. Doch du bist bei mir. Du verlässt mich nicht.

Ich habe oft Angst in meiner Verlassenheit. Sie tut so weh. Die alte Wunde bricht wieder auf, als ich mich als Kind verlassen fühlte, weil niemand kam, als ich im Kinderbett nach Hilfe schrie. Ich möchte mich nicht wieder so verlassen fühlen wie damals, als die Mutter so früh starb, als der Vater die Familie verließ, als die Freundin, der Freund mich verlassen hat.

Ich habe mich völlig alleingelassen gefühlt. Ich hatte das Gefühl, ich sei nichts wert, ich sei wie

aussätzig. Mit mir könne man es nicht aushalten. Du bist bei mir geblieben. Du verlässt mich nicht.

Du bist der Engel, der mich schützt vor der Wunde der Verlassenheit. Du bist der Engel des Behütens. Du behütest mich mit deinen Flügeln. Du bedeckst mich, wenn ich mich einsam und verlassen fühle.

Du schützt mich, wenn aggressive Worte auf mich einströmen. Du bist wie ein Hut, der mich bedeckt, eine Obhut, in der ich mich sicher fühle. Du ermöglichst es mir, zu mir zu stehen. Denn wenn keiner zu mir steht, gerate auch ich ins Wanken. Doch wenn du es bei mir aushältst und zu mir stehst, bekomme ich Stehvermögen. So vermag auch ich wieder zu mir zu stehen.

Der Engel des Trostes

Du bist ein Engel in meiner Trauer. Ich trauere um den Verlust lieber Menschen. Sie haben mir so viel bedeutet. Ich habe mich von ihnen geliebt gefühlt, und ich habe sie geliebt. Jetzt sind sie mir genommen worden. Ich kann sie nicht mehr umarmen, sie nicht mehr anschauen und nicht mehr mit ihnen sprechen. Mit ihnen ist ein Teil meines Lebens gestorben.

Die Trauer nimmt mir den festen Boden unter den Füßen. Da bin ich dankbar, dass du bei mir bleibst in meiner Trauer. Du vertröstest mich nicht mit billigen Worten. Du bist mir Trost, weil du es aushältst mit meinen Tränen, mit der Trauer, die mich immer wieder überkommt.

Wenn du bei mir bleibst, dann kann sich meine Trauer wandeln. Dann spüre ich in meiner Trauer um den geliebten Menschen doch eine innere Beziehung, die mir auch der Tod nicht rauben kann. In der Liebe Gottes bin ich mit dem lieben Verstorbenen verbunden. Seine

Liebe strömt vom Himmel her zu mir und stärkt mich.

Aber ich kenne nicht nur die Trauer um den Tod lieber Menschen. Ich kenne auch die Trauer um all die verpassten Chancen, die zerplatzten Lebensträume, die Enge meines Lebens.

Und ich kenne die Trauer, dass meine Partnerschaft, meine Freundschaften, meine Beziehungen zu anderen so durchschnittlich sind. Es ist nicht mehr wie am Anfang. Routine hat sich eingeschlichen. Die Gefühle haben sich abgeschwächt und abgenutzt.

Da brauche ich den Engel, der mich in meiner Trauer begleitet. Wenn ich die Durchschnittlichkeit meiner Freundschaften, wenn ich meine eigene Durchschnittlichkeit betrauere, dann komme ich in Berührung mit all den positiven Kräften in meiner Seele. Dann entdecke ich, dass ich trotz meiner Durchschnittlichkeit doch auch einmalig bin, dass ich Fähigkeiten habe, dass ich dankbar sein kann für das, was in mir und durch mich geschehen ist.

Und ich erkenne, welcher Schatz in unserer Partnerschaft, in unserer Familie liegt. Immerhin sind wir uns treu, gehen fair miteinander um. Wir haben gemeinsam schon so viel durchgestanden. Das ist ein Wert, den ich oft übersehe, wenn ich nur traurig bin, dass meine Illusionen zerbrochen sind. Doch ich spüre, dass ich in deiner Nähe das Zerbrechen meiner Illusionen zulassen kann. Ich spüre dann, dass ich nicht daran zerbreche.

Wenn ich die Bilder von mir, meinem Leben und von Gott zerbrechen lasse, dann werde ich nicht zerbrechen. Ich werde vielmehr aufgebrochen für mein wahres Selbst, für den Reichtum meines Lebens und für den ganz anderen Gott, der unbegreiflich ist, aber dennoch Liebe: unbegreifliche Liebe, die alles in mir verwandelt.

Du bist der Engel des Trostes, der keine Angst hat vor meiner Trauer. Wenn die Trauer mir den Boden unter den Füßen wegzieht, dann bleibst du bei mir stehen und ermöglichst es mir, wieder Boden unter die Füße zu bekommen.

Wenn du bei mir bist und mir durch deine Gegen-
wart Trost schenkst, dann traue ich mich, mit
meiner Trauer zu leben, durch die Trauer zu gehen und durch sie auf den Grund meiner Seele zu
gelangen, in der nicht nur Trauer, sondern auch
Trost, Freude, Lebendigkeit und Hoffnung sind.

Der Engel des Lichts

Du bist ein Engel in meiner Dunkelheit. Ich kenne die Erfahrungen von Dunkelheit. Ich bin als Kind nie gerne in den dunklen Keller gegangen. Und manchmal erinnert mich die Dunkelheit um mich an diese Urangst, die ich damals als Kind gehabt habe.

Aber es ist nicht nur das äußere Dunkel, das mir manchmal Angst macht. Ich kenne auch die Dunkelheit meiner Seele. Auf einmal ist da nichts mehr von Lebendigkeit und Helligkeit zu spüren. Ich erkenne nichts mehr in mir. Und auch Gott hat sich verdunkelt. Ich fühle ihn nicht mehr.

Da brauche ich den Engel in meiner Dunkelheit, der mir zeigt, dass Gott gerade auch im Dunkeln wohnt. Der Engel möchte mich lehren, dass die Dunkelheit nicht bedrohlich ist. Sie will mich nur befreien von meinen manchmal allzu klaren Bildern von Gott. Gott ist jenseits der Bilder.

Er muss sich manchmal in der Dunkelheit verbergen, damit ich meine Bilder von ihm loslasse und mich weiterhin auf die Suche nach diesem unbekannten und dunklen Gott mache.

Einen Engel brauche ich gerade dort, wo meine Seele sich verdunkelt, wenn die Depression nach ihr greift und mir das Gefühl gibt, in einem dunklen Loch zu stecken. In diesem dunklen Loch helfen mir alle frommen Worte nicht. Alles, was mir bisher geholfen hat, hat in dieser Dunkelheit seine Wirkung verloren.

Da sehne ich mich nach dem Engel, der in meiner Dunkelheit bei mir ist. Ich erwarte nicht von dir, dass du mir die Dunkelheit wegnimmst. Aber ich hoffe und vertraue darauf, dass du meine Dunkelheit verwandelst. Allein wenn ich weiß, dass du in meiner Dunkelheit bleibst und keine Angst davor hast, werde ich im tiefsten dunklen Loch doch etwas erahnen von dem Licht, das alles erhellt, auch die Tiefen meiner unbegreiflichen Seele.

So bist du nicht nur der Engel in der Dunkelheit, sondern zugleich der Engel des Lichts.

Du hast keine Angst, dass dein Licht von meiner Dunkelheit besiegt wird. Du leuchtest mit deinem Licht in die tiefsten Abgründe meiner Seele und durchdringst die Finsternis mit deinem Licht. Das vertreibt alle Angst vor meiner eigenen Dunkelheit. Das gibt mir die Gewissheit, dass auf dem Grund meiner Seele alles licht und hell ist, erleuchtet vom strahlenden Glanz Gottes.

Der Engel des Vertrauens

Du bist ein Engel in meiner Verzweiflung. Wenn ich an allem zweifle, wenn ich an mir selbst zweifle, dann hat mir schon oft ein Wort geholfen, das du mir gesagt hast. Manchmal war es auch ein Wort, das ich in einem Buch gelesen habe. Auf einmal hat es mich berührt. Das Wort ist für mich zum Engel geworden. Manchmal war es ein Wort, das ich im Gottesdienst gehört habe, beim Vorlesen der biblischen Texte oder in der Predigt, das mich wieder aufgerichtet und mir Klarheit und Vertrauen vermittelt hat.

Manchmal ist auch ein Mensch für mich zum Engel geworden. Er hat mir im richtigen Augenblick das richtige Wort gesagt, ein Wort, das mir wieder Vertrauen geschenkt hat.

Ich kenne nicht nur die Zweifel an mir, an meinem Glauben, an den Menschen. Solche Zweifel vergehen wieder, wenn ein Engel zu mir spricht und mir eine andere Sichtweise vermittelt. Ich kenne aber auch die Verzweiflung. In der

Verzweiflung weiß ich gar nicht mehr, wo ich dran bin. Da ist alles ausweglos. Ich weiß nicht mehr ein noch aus. Ich weiß nicht, wie ich das Leben schaffen soll, wie ich den Konflikt lösen soll. Ganz gleich, in welche Richtung ich denke, es zeigt sich keine Lösung. Ich möchte am liebsten vor den Problemen davonlaufen. Ich habe keine Kraft, mich ihnen zu stellen, weil ich keinen Weg entdecke, sie zu lösen.

In solcher Verzweiflung tut mir ein Engel gut, der mir zur Seite steht. Er braucht gar nicht viel zu sagen. Allein das Wissen, dass der Engel mich nicht verlässt, gibt mir Vertrauen.

Du bist der Engel des Vertrauens, der mich in meiner Verzweiflung wieder in Berührung bringt mit dem Vertrauen, das auch in mir ist.

Es ist das Vertrauen, dass Gott für mich sorgt, dass der Engel mich nicht verlässt, dass Gott mich nicht fallen lässt. Er schickt mir den Engel des Vertrauens, damit ich wieder festen Boden unter die Füße bekomme und dem Leben wieder traue, mir selbst wieder traue und mein

Vertrauen auf Gott setze, der auch in meiner Verzweiflung bei mir ist und mich stützt.

Der Engel des Vertrauens sagt mir, dass in mir nicht nur Angst und Verzweiflung sind, sondern auf dem Grund immer auch Vertrauen. Der Engel bringt mich in Berührung mit dem Vertrauen in mir, dass es immer stärker sein wird als alle Verzweiflung und Angst. Dem Engel des Vertrauens darf ich trauen. In seiner Nähe vermag ich mir selbst wieder zu trauen. Und ich wage es, mein Vertrauen auf Gott zu setzen, all den Worten zu trauen, die er uns zugesagt hat.

Der Engel der Hoffnung

Du bist ein Engel in meinem Scheitern. Manches in meinem Leben ist nicht so geworden, wie ich es gerne gehabt hätte. In manchen Bereichen bin ich gescheitert. Da ist ein Lebensentwurf zerbrochen. Das, worauf ich meine Hoffnung gesetzt habe, hat mich enttäuscht. Eine Freundschaft ist zerbrochen. Bei der Arbeit bin ich gescheitert. In meinem Bemühen, einen Konflikt zu lösen, zu einer besseren Atmosphäre in meiner Firma oder in meiner Nachbarschaft beizutragen, bin ich gescheitert.

Wenn ich mit meinen Vorstellungen vom Leben gescheitert bin, habe ich manchmal den Eindruck, dass ich selbst gescheitert bin, dass mein Selbst in tausend Scherben auseinandergefallen ist. Ich finde mein Selbst nicht mehr. Da brauche ich einen Engel, der mir beisteht, der mir aufzeigt, dass auch im Scheitern die Chance eines neuen Anfangs liegen kann.

Da brauche ich den Engel, der mir wieder Hoffnung schenkt. Hoffnung heißt nicht, dass meine Erwartungen vom Leben erfüllt werden. Der Engel der Hoffnung gibt mir vielmehr die Gewissheit, dass mein Leben gelingen wird – wenn vielleicht auch anders, als ich mir es vorgestellt habe.

Du bist mir zum Engel der Hoffnung in meinem Scheitern geworden, weil du die Hoffnung auf mich nicht aufgegeben hast. Ich habe bei dir gespürt, dass du nicht enttäuscht bist, weil ich deine Erwartungen nicht erfüllt habe. Du hoffst auf mich und für mich. Das tut mir gut. Das ermutigt mich, selbst die Hoffnung nicht aufzugeben, sondern weiter auf das zu hoffen, was ich noch nicht sehe, was aber in mir an Möglichkeiten bereitliegt.

Im Scheitern erscheint alles hoffnungslos. Da ist erst einmal alles zerbrochen. Doch wenn du mir Hoffnung schenkst, dann entdecke ich hinter allen Scherben die Möglichkeit, dass mein Leben eine neue Gestalt gewinnt, dass Gott aus den

Scherben meines Lebens etwas formt, was meinem wahren Wesen mehr entspricht. Wenn du mir Hoffnung schenkst, dann wird in meinem Herzen etwas weit. Ich beginne – wie das deutsche Wort »hoffen« meint – zu hüpfen, lebendig zu werden, zu springen und die Weite und Freiheit und Lebendigkeit neu zu empfinden.

Der Engel der Leichtigkeit

Du bist ein Engel in meiner Schwere. Ich habe in mir die Tendenz, alles so schwer zu nehmen. Die Probleme, die vor mir stehen, bedrücken mich. Sie liegen auf mir als schwere Last, die mich nach unten drückt. Die Arbeit fällt mir schwer. Ich habe keine Energie, sie anzupacken. Ich sehe überall nur die Schwierigkeiten, die auf mich zukommen.

Da brauche ich den Engel der Leichtigkeit, der meine Seele beflügelt, damit sie sich über die Probleme meines Alltags erhebt und sie von oben herab anschaut. Dann relativieren sich die Probleme. Sie kleben nicht mehr an mir. Ich kann über sie fliegen und sie von oben her betrachten.

Wenn ich in Barockkirchen die kleinen Engel sehe, die wie Kinder spielen, die in ihre Trompete blasen oder sich mit ihren Flügeln überall hin bewegen, um mit kindlichen Augen die Menschen zu betrachten, die da mit ihren Nöten

in die Kirche kommen, dann wird auch in mir etwas leicht. Dann spüre ich, dass in diesen Engelbildern der Engel der Leichtigkeit in mein Leben tritt. Diese Kinderengel laden mich ein, mein Leben leichter zu nehmen. Sie erinnern mich an Papst Johannes XXIII. der ja recht gewichtig war und trotzdem zu sich immer gesagt hat: »Giovanni, nimm dich nicht so wichtig.« Weil er sich leichtgenommen hat, hat er mehr bewegt in der Kirche als grüblerische Päpste. In seiner kindlichen Leichtigkeit hat er das Konzil einberufen und damit alle überrascht, die diesem alten Mann nicht mehr viel zugetraut hatten.

So bitte ich den Engel der Leichtigkeit, dass er mir meine Schwere nimmt und meine Seele beflügelt, damit sie in der Leichtigkeit des Seins Menschen zu Gott hin bewegt.

Der Engel der Heilung

Du bist ein Engel in meiner Krankheit. Du besuchst mich. Du lässt mich nicht allein. Du hast keine Angst vor meiner Krankheit, in der ich nicht stark bin, sondern hilfsbedürftig, hinfällig, schwach.

Du bleibst bei mir in meiner Krankheit. Du hältst mich aus in meiner Schwäche und fliehst nicht vor ihr. Dir macht meine Krankheit keine Angst. Im Gegenteil, du bleibst mit deinem Vertrauen und deiner Hoffnung bei mir und ermöglichst es mir, meine Hoffnung auf Heilung nicht aufzugeben.

Mit dir kann ich über meine Krankheit sprechen. Ich kann dich fragen, was Gott mir mit dieser Krankheit sagen möchte, welche anderen Akzente ich in meinem Leben setzen sollte. Du lehrst mich, dass ich mich nicht von meiner Stärke, von meinen Erfolgen, von meiner Leistung her definieren darf, sondern von meinem wahren Wesen her. Von dem Menschen, der ich

bin, von dem her, was mich ausmacht, jenseits von Gesundheit und Krankheit.

Du bist nicht nur der Engel, der mir meine Krankheit deutet. Du bist auch der Engel der Heilung. Von dir geht heilende Kraft aus. Du bringst mich in Berührung mit den Selbstheilungskräften, die in meiner Seele schlummern. An deiner Hand darf ich schwach sein. Von deiner Hand geht aber auch Kraft aus, die durch meinen Leib strömt, Liebe, die mich wärmt, die heilend wirkt auf meine Krankheit. Wenn du bei mir bist, schöpfe ich Hoffnung, dass ich wieder gesund werde. Und ich spüre, dass deine Nähe mir guttut, dass ich da wieder in Berührung komme mit meiner Kraft.

So bitte ich, dass du bei mir bleibst als der Engel der Heilung. In deiner Nähe darf ich wieder gesund werden. In deiner Nähe vermag ich aber auch, meine Krankheit zu tragen, wenn sie nicht sofort geheilt wird. Ich weiß dann, dass in mir ein Kern ist, der heil ist und ganz, über den die Krankheit keine Macht hat.

Der Engel der Stille

Du bist ein Engel in meiner Unruhe. Du läufst nicht vor mir davon, auch wenn ich ständig auf der Flucht bin vor mir. Weil du in meiner Unruhe bei mir bleibst, zeigst du mir den Grund meiner Unruhe auf. Du lässt dich nicht damit abspeisen, dass ich gerade so viel zu tun habe. Du bleibst einfach stehen, schaust mich an und fragst mich, ob ich das denn selbst wirklich glaube.

Deine Ruhe zwingt mich, den wirklichen Grund meiner Unruhe zu erforschen. Und da stoße ich auf meine Schuldgefühle, vor denen ich davonlaufe. Da stoße ich auf unerledigte Dinge, die ich in meinem Innern endlich in Ordnung bringen sollte, den Konflikt mit dem Kollegen, die übersprungene Trauer, dass es mit der Freundschaft nicht so geht, wie ich mir das vorgestellt habe, das Gefühl, dass mein Leben momentan nicht stimmig ist.

Du lässt nicht locker, bis ich mich der eigenen Wahrheit stelle. In deiner Nähe wage ich es,

mich meinen verdrängten Gefühlen und meinen unerledigten Aufgaben zu stellen. Du verurteilst mich nicht. Du bleibst einfach bei mir und wartest, bis ich meine Aufgaben angehe und vor dir langsam ruhig werde.

Du bist der Engel der Stille. Von dir geht Stille aus. Da vermag auch ich still zu werden. Du begegnest mir in Räumen der Stille, sodass sich ihre Stille um mich ausbreitet und mich durchdringt. Du begegnest mir in der Musik, die mich in die Stille führt. Du begegnest mir in Menschen, die still geworden sind und um sich herum Stille verströmen. Wenn du zu mir kommst, bleibe ich stehen und werde still. In der Stille klärt sich all das Trübe in mir, mein verwirrtes Denken wird entwirrt. Ich kann wieder klar sehen. Ich brauche dich, den Engel der Stille, damit ich selbst zur Stille komme und in dieser Stille das Geheimnis Gottes erahne, das mich umgibt. Du bist der Bote des Gottes, der nur in der Stille als die geheimnisvolle Liebe erfahren werden kann. So hat es der Prophet Elija am

Berg Horeb erfahren. So darf ich es erleben, wenn du meinen inneren Lärm zum Schweigen bringst und mich öffnest für den Gott der Stille, dessen Stille mich heilend umgibt.

Der Engel der Freude

Du bist ein Engel in meiner Enttäuschung. Wenn ich von Menschen enttäuscht werde, tut das weh. Und ich gerate in Gefahr, bitter und den Menschen gegenüber misstrauisch zu werden.

Oft bin ich von mir selbst enttäuscht. Ich erfülle meine eigenen Erwartungen nicht. Ich bin so anders, als ich eigentlich sein möchte.

Der Engel der Enttäuschung möchte mir zeigen, dass ich aus einer Täuschung herausgerissen werde. Enttäuschung ist also durchaus etwas Positives. Eine Täuschung wird aufgehoben, und ich werde in die Wahrheit hineingehoben. Aber es tut trotzdem weh, die Enttäuschung anzunehmen. Denn die Täuschung, mit der ich gelebt habe, hat mir gutgetan. Mit diesen Illusionen lebte es sich leichter als mit der Wahrheit. Du bist in meine Enttäuschung eingetreten. Du hältst mir die Wahrheit vor Augen. Du bewahrst mich davor, in meiner Enttäuschung zu resignieren oder verbittert zu werden.

Du bist der Engel der Freude, der in meine Enttäuschung eintritt und meine bitteren Gefühle in Freude wandelt. Du forderst mich nicht einfach auf, mich zu freuen. Vielmehr bringst du Freude in meine Bitterkeit und Härte. Du strahlst Freude aus.

In deiner Nähe komme ich in Berührung mit der Freude, die unterhalb meiner Enttäuschungen in meiner Seele ruht. Für mich war so ein Engel der Freude das Wort Jesu, das mich einmal sehr getroffen hat: »Dies habe ich zu euch gesagt, damit meine Freude in euch ist und damit eure Freude angefüllt werde« (Joh 15,11). Jesus hat so gesprochen, dass seine Freude sich mit meiner Freude vermischt hat. Seine Worte haben die Freude in mir angerührt, die unterhalb meines Ärgers und meiner Traurigkeit in meiner Seele fließt. Sie ist immer in mir. Aber manchmal versickert die Freude beinahe, weil ich von ihr abgeschnitten bin, weil sich zu viel Traurigkeit darübergelegt hat. Jesu Worte füllen den immer kleiner werdenden Strom der Freude in mir auf

mit seiner unendlichen Freude. So steigt die Freude in mir hoch und durchdringt auch mein Bewusstsein.

Als mir der Sinn von Jesu Worten aufgegangen ist, hatte ich das Gefühl, dass der Engel der Freude mich berührt hat. So wünsche ich dir den Engel der Freude, dass er immer wieder in deine Enttäuschungen eintritt und dir zeigt, dass unterhalb all deiner Enttäuschungen, die du in deinem Leben erlebt hast, immer dieser Strom der Freude ist. Dieser Strom möge in dir anschwellen, damit dein Herz sich weitet und du dich mit dem Engel der Freude selbst zu freuen und andere mit deiner Freude anzustecken vermagst.

Der Engel der Liebe

Du bist ein Engel in meiner Einsamkeit. Wenn ich deine Nähe spüre, kann ich meine Einsamkeit aushalten. Dann erahne ich, dass Einsamkeit auch etwas Gutes an sich hat. So sagt es uns schon die Sprache. Denn das Wort »einsam« meint: mit dem Einen übereinstimmen, mit dem Einen zusammenhängen. Das Eine ist das, was mich vereinigt, was die verschiedenen Kräfte in mir zu einer Kraft verbindet. Wenn du in meine Einsamkeit trittst, dann erlebe ich, dass ich nicht alleingelassen bin, sondern mit allem eins bin, mit Gott, mit mir selbst, mit der Schöpfung und mit allen Menschen. In deiner Nähe kann ich meine Einsamkeit aushalten. Da werde ich mit mir selbst eins. Schmerzlich wird für mich das Gefühl der Einsamkeit, wenn ich mich alleingelassen fühle, wenn ich meine, keiner würde mich lieben, keiner würde sich um mich kümmern, ich sei nicht wichtig für die Menschen. Deshalb lassen sie mich allein sitzen.

Du bist der Engel der Liebe, der in meine Einsamkeit tritt. Ich darf dich in Menschen erfahren, die in meine Einsamkeit vordringen und mir zeigen, dass sie mich lieben. Im Bewusstsein, geliebt zu sein, kann ich meine Einsamkeit immer besser ertragen. Die Liebe dieses Menschen gilt mir. Und sie kann auch die räumliche Distanz überwinden. Sie reicht in meine Einsamkeit hinein.

Aber auch, wenn ich das Gefühl habe, dass die Menschen, die mir am Herzen liegen, mich nicht so lieben wie ich sie, oder dass meine Liebe unbeantwortet bleibt, bist du als der Engel der Liebe bei mir. Und du zeigst mir, dass in mir eine Liebe ist, die unabhängig ist von der Liebe der Menschen.

Auf dem Grund meiner Seele strömt eine Quelle der Liebe, die nie versiegt, weil sie teilhat an der göttlichen Liebe, die unendlich ist. Du bringst mich in Berührung mit dieser Liebe. Durch die erfüllenden und enttäuschenden Erfahrungen, die ich mit der Liebe gemacht habe, führst du

mich zu der Liebe in mir, die jenseits dieser Erfahrungen liegt.

Diese Liebe ist kein Gefühl, das wieder vergeht. Sie ist eine Qualität des Seins. Sie ist unabhängig von den Beziehungen, die ich gerade habe, unabhängig von der Liebe, die ich gerade von Menschen empfange und die ich für sie empfinde.

Der Engel der Liebe will mir zeigen: Trau dieser Liebe. Diese Liebe gehört dir. Niemand kann sie dir nehmen. Keine Enttäuschung in der Liebe kann dich von dieser Quelle der Liebe trennen. Der Engel der Liebe führt mich in den Grund meiner Seele, in dem diese Liebe strömt und in dem ich erfahren habe, dass ich als diese einmalige Person von Gott bedingungslos geliebt bin.